AF238793

MARLENE DROOP

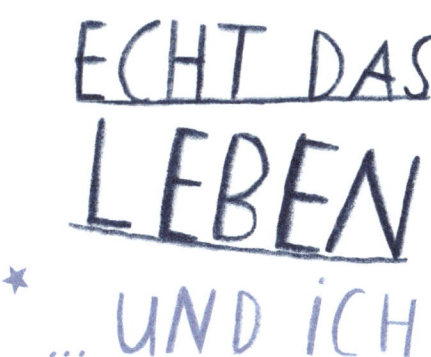

ECHT DAS
LEBEN
... UND ICH

Gedankenschubser für große
Schritte und kleine Sprünge

COPPENRATH

ES IST DOCH GRAD SO, ODER?

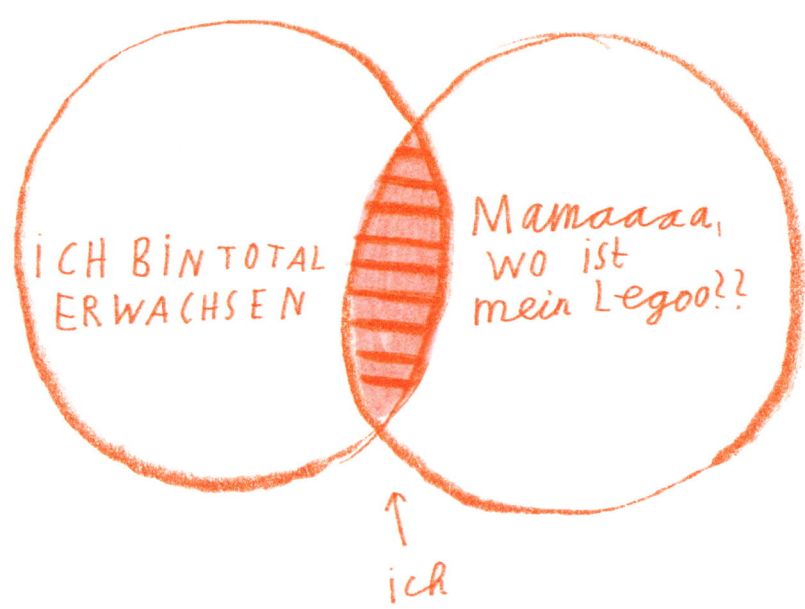

ICH BIN TOTAL ERWACHSEN

Mamaaaa, wo ist mein Legoo??

↑ ich

Und wenn ich versuche, besonders erwachsen zu sein, das wollen ja alle irgendwie von mir, dann geht's mir manchmal auch so:

DIE GROßE WEITE WELT

und ich...

5

DENN ES IST JA SO,

also ich glaube einfach

manchmal, ~~dann gibt~~

es sind so viele Wege offen. Es gibt
so viele Probleme. So viele Optionen...

Was soll ich damit alles anfangen?

Wie ich mir das Erwachsen-werden vorgestellt hab:

Erwachsen sein

Alter

Wie es sich aber anfühlt:

sich erwachsen fühlen

zurück in Mamas Bauch

Alter

Dann komme ich von der
Schule nach
Hause und...

„Räum doch mal die
Spülmaschine aus!"

„Bitte nicht mit den Schuhen
auf deinen neuen Teppich!"

„SPIELST DU MIT
MIiiii iR?"

Gibt's hier auch so was
wie einen Ausschalter??

AN

AN

immer noch an ??

Absoluter Mist! Manchmal
wünsche ich es mir so:

Papa

NERVIGER
KLEINER BRUDER

Mama

12

Als meine Schwester so alt war
wie ich, hat sie mal gesagt:

ich weiß nicht
mehr, wo oben und
wo unten ist...

Und ich schwöre,
ich hab keine Rechts-
Links-Schwäche.

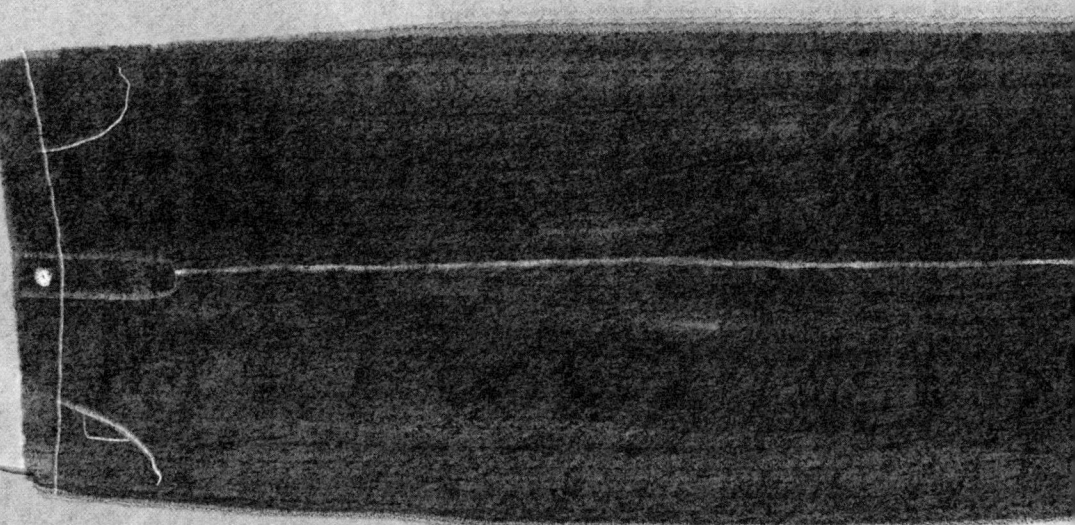

ich weiß manchmal zusätzlich
nicht, wo rechts und wo links ist.

Ich finde, Eltern sind bei der ganzen „ICH-WERDE-ERWACHSEN"-Nummer nicht immer hilfreich, im Gegenteil!

GEBT

MIR

...

14

FREI

RAUM!

15

Und dann gibt es auch noch
Leute, die Sachen sagen wie:

Aristoteles: Die Jugend von heute
liebt den Luxus, hat schlechte Manieren
und verachtet die Autorität.

Sokrates: Unsere Jugend ist unerträglich,
unverantwortlich und entsetz-
lich anzusehen.

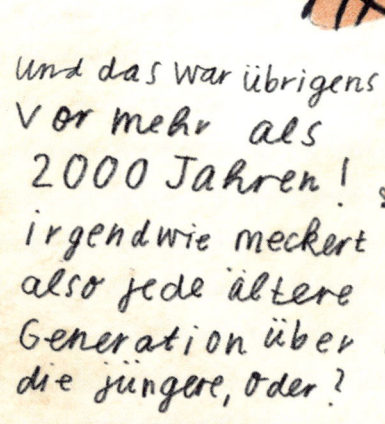

Und das war übrigens
vor mehr als
2000 Jahren!
irgendwie meckert
also jede ältere
Generation über
die jüngere, oder?

WELCHE SPRÜCHE KENNST DU ÜBER „DIE JUGEND VON HEUTE"?

ich hasse es zum Beispiel, wenn mal wieder gesagt wird... „ihr hängt ja nur noch am Handy."

_____

_____

_____

APROPOS HANDY: HIER EIN TIPP, FALLS ES DIR BIS HIER SCHON GENUG „BUCH" WAR.

Was du brauchst

DIESES BUCH

 DEIN HANDY

CUTTER ODER SCHERE

STIFT

1. Lege dein Handy auf die rechte Seite.

2. Zeichne eine Linie rund um das Handy.

3. Schneide entlang der Linie ein Loch in die Seite.
4. Wiederhole das mit allen darunterliegenden Seiten.

5. Lege dein Handy in das Loch. Zuklappen, wenn jemand kommt!

HANDY HIER
PLATZIEREN

↓

6. Spaß, bitte mach das nicht
und blättere einfach weiter.

GUT.

DANN KÖNNEN WIR UNS JA
VIELLEICHT EIN PAAR GEDANKEN ZU DER
EIN ODER ANDEREN SACHE MACHEN.

ZUM BEISPIEL ZUM SCHICKSAL.
GLAUBST DU DARAN?

Kennst du das, wenn du etwas tust und denkst: Puh, was wäre gewesen, wenn...? Wenn ich genau in diesem Moment... Z.B. ein Schlagloch erwischt hätte?

Hätte, hätte, Fahrradkette. Aber war das jetzt einfach Glück? Oder war das Schicksal? Oder war's Pech, weil mir sonst vielleicht die Liebe meines Lebens wieder auf die Füße geholfen hätte?

23

HORRORSKOP

Die Sterne stehen heute für Sie besonders günstig. Schließen Sie die Augen und genießen Sie den Fahrtwind, um nach einem harten Schlag in die Augen ihres Seelenverwandten zu blicken.

Da hätte ein Schlagloch sein sollen, verdammt!

Aber Spaß beiseite. Ich denke, wenn es Schicksal wirklich geben würde, hieße das ja, alles wäre vorherbestimmt. Oder ???

Das würde bedeuten, dass es da etwas gibt, das uns alle lenkt...

EINE GRUSELIGE VORSTELLUNG?

ODER KANN DAS AUCH TRÖSTLICH SEIN?

Wäre eine schwere Krankheit vom Schicksal, also von einer höheren Macht bestimmt? Sollte es dann das Schicksal dieser Person sein, früh zu sterben? Wäre das nicht ganz schön ungerecht ????

Und ist es das Schicksal einer anderen Person, supersuperreiche Eltern zu haben? ODER IST ES EINFACH UNFASSBARES GLÜCK? ZUFALLSGLÜCK?

UND DIE SCHWERE KRANKHEIT EIN RIESEN-UNGLÜCK?

25

WAS DU WISSEN SOLLTEST: DU HAST

GLÜCK.

Wir vergessen manchmal, dass wir in einer Welt leben, in der wir, hier bei uns, das Glück haben, dass all unsere Grundbedürfnisse erfüllt sind. Zumindest bei den Meisten von uns...

DIE GRUNDBEDÜRFNISSE

NAHRUNG
SAUBERES WASSER
SAUBERE LUFT
GEBORGENHEIT
BILDUNG
KOMMUNIKATION
LIEBE

Denn das haben nicht alle Menschen auf der Welt und das macht das Leben ziemlich ungerecht, oder?

Ich weiß natürlich auch, dass ich trotzdem mit Dingen unzufrieden sein darf.

Ich weiß, dass ich auch mal unglücklich sein darf und ich weiß, dass ich auch mal sagen darf, was für ein Mist das alles ist.

Ich habe so viel... und trotzdem vergleiche ich mich und das, was ich habe, oft mit anderen.

SO DOLL, DASS ICH MIR MANCHMAL WÜNSCHE, ICH WÄRE JEMAND ANDERES. UND DAS SCHLIMME IST, DASS ICH MICH OFT MIT MENSCHEN VERGLEICHE, DIE ICH NOCH NIE IN ECHT GESEHEN HABE. UND DANN SCHÄME ICH MICH... FÜR MICH

S/W-Filter weil traurig

FOTO

27

ICH SCHÄME MICH MOMENTAN
SOWIESO FÜR ALLES MÖGLICHE.
VOR ALLEM FÜR MEINE ELTERN
SOOOO OFT...

FÜR MEINEN FAHRRADHELM
SCHÄME ICH MICH AUCH.
UND WENN ICH DANN MAL
WIEDER EINEN SPÖTTISCHEN
KOMMENTAR DAZU AN DEN
KOPF GEWORFEN BEKOMME...

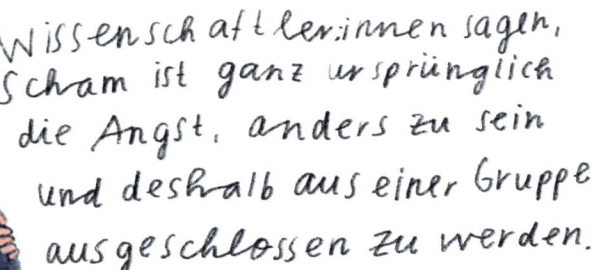

Wissenschaftler:innen sagen,
Scham ist ganz ursprünglich
die Angst, anders zu sein
und deshalb aus einer Gruppe
ausgeschlossen zu werden.

In der Steinzeit vielleicht
überlebenswichtig.. Aber heute?
Irgendwann ist auch mal gut.
Solange ich niemandem weh
tue, sollte ich zu Dingen
stehen können, die andere
nicht gut finden.
Anderssein ist doch nicht
immer schlecht, auch auf-
regend!
Mit meinen Freund:innen schäme
ich mich nicht so viel, wir
schließen niemanden aus.

Kurzer Ausflug zum Thema Anderssein: ich sag mal so, was wäre denn, wenn wir alle ganz genau gleich wären??

PAUL

MARIE

LEYLA

SOPHIA

ICH

DU

CHARLY

JUSTUS

NAVID

puh! wäre das ein ödes Leben. Alle könnten das Gleiche gut. Alle hätten die gleichen Hobbys. Alle würden gleich aussehen und, und, und...

Aber zum Glück sind wir alle verschieden. Mit meinen Freund:innen fühle ich mich wohl in meiner Haut.

Am allerwohlsten fühle
ich mich mit DIR. Wir sind
die besten Freunde.

Mit dir kann
ich ich sein.

VERRÜCKT

LUSTIG

Urmelaltes Radio...

EHRLICH

TRAURIG

Sehen wir's positiv, wenn du so weiter weinst, können wir uns die Reise zum Meer sparen.

35

Kennst du die Möbius-Schleife?
Die zeigt, wie Unendlichkeit funktioniert:

1. Schneide den Streifen auf der rechten Seite ab.

Schnipp

2. Halte ihn so, dass die Enden aneinanderliegen..

So!

3. Drehe ein Ende um 180 Grad, so dass die zwei verschiedenen Seiten aneinanderliegen.

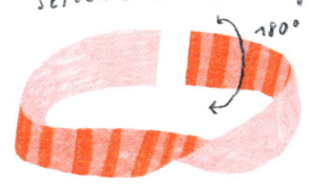

180°

4. Klebe die Enden genauso aneinander.

Tadaa!

Warum das jetzt eine Unendlichkeit darstellt? Andere Frage: Können wir Unendlichkeit eigentlich teilen?

5. Eine Linie entlang der Mitte des Bandes kritzeln.

6. Versuch doch mal, das Band entlang der Linie auseinanderzuschneiden.

Huch??

DA GIBT ES EINEN GEDANKEN, DER MICH NICHT LOSLÄSST.

ES IST JA SO:

ICH werde geboren, werde erwachsen, lebe, werde alt, sterbe. Der nächste Mensch wird geboren, lebt, wird alt, stirbt. Noch jemand wird geboren, stirbt. Der nächste Mensch wird geboren, wird erwachsen, stirbt. Noch ein Mensch wird geboren, wird nicht erwachsen, stirbt. Und, und...

Das Sterben gehört mit dazu. Wenn wir ewig leben würden... unendlich, für immer, endlos lang... Würden wir das Leben so leben, wie wir es leben?

Wir müssten nicht „den Moment genießen", „im Hier und Jetzt leben", weil wir ja noch unendlich endlos viele solcher Momente geniessen könnten.

IRGEND-

WANN

IST EINFACH

ALLES

VORBEI.

40

Da komme ich gedanklich wieder zum
Anfang, als ich gesagt habe, dass ich
mich so klein fühle auf dieser Welt...
und erst recht in diesem riesigen
Universum, in dem ich von weitem gesehen
nur einen winzig kurzen Zeitraum existiere.

Viele Menschen machen sich trotzdem
nicht klein. Sie bewegen etwas. Sie machen
sich stark. Für Frieden, Gerechtigkeit, unsere Natur.
Das sind nicht nur endlos weit entfernte
Erwachsene wie Ghandi und Nelson Mandela.

Ich meine junge Menschen. Jugendliche
und Kinder! Ich meine Malala Yousafazi,
die sich in Ländern, wo das nicht selbstver-
ständlich ist, für die Bildung von Mädchen
einsetzt und dafür mit siebzehn den
Friedensnobelpreis bekommen hat. Oder
Greta Thunberg, die als Jugendliche Reden
vor den wichtigsten Politiker:innen gehalten
hat und weltweit Klimaaktivist:innen inspiriert.

ERDE

SONNE

43

Schon klar, das sind riesige Fußstapfen... aber wenn ich mich engagiere...

FÜR MEINE ZIELE, FÜR
MEINE INTERESSEN UND
FÜR MEINE FREUND:INNEN.

dann glaube ich, wird meine
Welt ein klein wenig besser.
Und vielleicht auch die von
jemand anderem.

Wenn wir zusammenhalten,
füreinander da sind, auch in
miesen Zeiten – dann bekommen
wir ein Gefühl von Glück.

UND JETZT GEHT DAS LEBEN
DOCH GERADE ERST LOS!